Magst du mit mir
in den Farben tanzen
in denen
unsere Leben leuchten
wenn das Glück auf sie scheint

Für Andrea

Norbert Rheindorf

Farbentanz

Bibliografische Information der Deutschen Nationalbiblio-thek:
Die Deutsche Nationalbibliothek verzeichnet diese Publikation in der Deutschen Nationalbibliografie; detaillierte bibliografische Daten sind im Internet über http://dnb.dnb.-de abrufbar.

© 2016 Norbert Rheindorf

Titelfoto: Bernd Wachtmeister / pixelio.de

Herstellung und Verlag:
BoD – Books on Demand, Norderstedt
ISBN: 978-3-8482-0015-3

Sieger

Mein Herz
errötet

ohne Unterlass
schwelgt es
in den Versprechen der Nacht

die sich kühl und sanft
um uns schmiegt

uns obliegt
das Feuer
zu entfachen und nähren

komm
ich lad dich ein
zu erröten
bevor der Schlaf
obsiegt

komm lass uns
ihm die Stunden stehlen

morgen
macht er ohnehin
wieder fette Beute

heute wollen wir
ruchlose
Sieger sein

ungefähr

Wir verharren
im Ungefähren
jeder kann alles und nichts

entfremdet
von Profession
zuhause zwischen Ramsch
und Beliebigkeit

Läden
sind Logistiksysteme
bevölkert von Regaleinräumern
mit Minilohn
und Kunden
an Selbst-Scanner-Kassen

Können
wird abgeschliffen
bis es billig genug ist
für das Discount-Prinzip
als Lebensentwurf

Convenience-Träume
sind im Duzend günstiger
nichts raubt einem
den rabattierten Schlaf
alles ist vorgedacht
und das kommt
nicht von ungefähr

Reise

Die Dämmerung
ist Geheimnisträgerin
verrät nichts
über dein Erwachen
dem Schlaf hingegeben
tanzen deine Augen
unter den Lidern
zur Melodie der Träume

wo bist du
unterwegs

ich schau dir zu
flüstere:
gute Reise!

am Ziel fällst du
dem Morgen und mir
in die Arme

Wunder

Melancholie
wäscht die Farbe aus den Tagen
grau und schäbig
hängen sie an der Zeitleine
niemand nimmt sie ab

uninteressant
wie die Zeitung von gestern
ereignislose Minuten
als glanzloses Knäuel
das Erwachen nicht belohnt

im Kalender
verschwimmen die Zahlen
gleichgültig werden sie
hingenommen

das Schicksal eine Brache
die Saat verschmäht
der Horizont ein blasser Schatten

leises Murmeln
zaghaftes Gebet
für Wärme und Licht
einen Kuss und dass
doch bitte
ein Wunder geschieht

und Frühling wird
allerorten

Kaltblüter

Du
kreist den Tag ein
entwaffnest ihn
mit deinem Lachen
und lässt ihm keine Chance
auf Desinteresse
Kaltblüter
kommen nicht in Frage
nach einer Vollmondnacht

Aufgekratzt
und wild
entschlossen
den Morgen auf den Mund zu küssen
die Stunden
im Sturm zu nehmen
pure Energie
rast wie ein Schnellzug
über Vorortgleise
die es im ermatteten
Gleisbett verrückt

der nächste Halt
im Trübsinn
ist gestrichen
du jagst die Wolken weg
wage bloß keiner
Widerspruch
denn dies ist der Tag
an dem du gewinnst

Erweckung

Der Morgen
fasst einen mit
seinen kalten Fingern an
Tauspuren
auf der Haut
als erster Gruß

Die Erweckung der Stunden
mit Wärme und Leben
nimmt ihren Lauf
in den Tag
der sich an dich
schmiegt
zum Abend hin errötet
der Nacht
in die Arme fällt
sich vergisst
und in die Dunkelheit
zerstäubt

Dünen

Müde bin ich
geh zur Ruh
vermisse dich
und uns
in den verwehenden Tagen
die sich ins Ziel
erschöpfter Nächte retten
wer will
schon behaupten
er könne an der Uhr drehen
die Stunden
sind verderbliche Waren
schnell umgeschlagen
und aus den Händen geglitten
schaut man ihnen
mit Bedauern hinterher

da gehen sie hin
und man steht allein
vor dem morgen
und dem Ringen
um geteilte Zeit
die mehr wird
in unseren Armen

komm wir gehen
Minuten stehlen
und sammeln sie an
wie Sandkörner
in den Dünen des Glücks

Balance

An diesem Tag
wurden die Schritte meines Vaters
leiser
immer ferner seine Rufe
irgendetwas wie: du kannst das
alle Geräusche ausgeblendet
der Kopf wie in Watte gepackt
und ich fuhr
ohne Stützräder
ohne seine Hand an meinem Rücken

du kannst das
und doch bleibt Leben
Ringen um Balance
jeder Tag
ein Stück zartbittere Sehnsucht
nach damals
als alles einfach
und sicher
und Zukunft war

man posiert bei jedem Fortschritt
feiert das Erreichen
jeder Station
doch die Augen werden müder
man merkt
man ist auf dem Weg zurück
die Schritte immer leiser
und niemand ruft mehr:
du kannst das

Regen

Der Regen
löscht das Licht
schon früh am Tag
ist alles trüb
in der Straßenbahn
der Geruch feuchter Kleidung
und Langeweile
in den Gesichtern
Spuren
im Dreck auf den Scheiben
dicht gedrängte
Depression

an der Endhaltestelle
einmal um die Schleife
und wieder von vorn
durch die grauen Schluchten
aus Beton
am Altmarkt
in den Untergrund
das Rütteln
streift letztes Licht ab
flackernde Neonlampen
neben zerrissenen, beschmierten
Werbeplakaten
Kaugummi am Vordersitz
über allem
Schweigen

so geht es weiter

den ganzen Tag
heute Abend
vielleicht
morgen ganz sicher
wird er ihr sagen
dass er freigestellt ist
schon seit drei Wochen
oder sind es vier
die Zeit verschwimmt
hier auf den Gleisen
die nirgendwo hin führen
als Ziel immer nur
die Schleifen
an den Endhaltestellen

seit Wochen
nur Regen

Maimond

Der Abendhimmel
imitiert
das Rot deiner Lippen
die Augen
geben sich der Pracht hin
und meine Lippen auch
das Verlangen des Frühlings
trägt dein schönes Gesicht
machst mir schöne Augen
versprichst nichts
das du nicht bereit
wärest zu halten
in der lauen Nacht
heißes Blut
stummer Schrei
die Dunkelheit
hat ihre Finger überall
nur der Maimond wacht
über unseren Sündenfall

Schlossallee

Geld wohnt in Fonds
empathielos und abstrakt

Hunger liegt apathisch
im Staub
hier wohnen leere Hände
unter gleißender Sonne
marodierende Banditen
zerstören die letzten Hütten
tränken den Sand
mit dem Blut der Hoffnungslosen

Geld wohnt in Fonds
in bester Lage
spielt russisches Roulette
mit Nahrungsmittelpreisen
die virtuellen Kugeln
schlagen ein

am anderen Ende
der Welt

hier oben
sagt man dazu: da unten
wohin man
nicht schauen mag
und dabei gut schläft
satt und sanft gebettet
in der Schlossallee
wo man über Los geht

und über Leichen

über allem
liegt gespenstische Stille

oben und unten

reden ist Silber
schweigen ist Gold

Heimat

Mit dem Duft der Sonne
in deinen Haaren
Sand auf den Zehen
einer Muschel
in der halboffenen Hand
liegst du in den Dünen
und schläfst
während der Tag
leicht und sanft
mit dem Wind um uns verweht
hin zum Abend
an dem wir reich beladen
mit funkelndem Strandgut
ungenutzter Zeit
heim finden
uns in die Stille betten
zu Atem kommen
das Salz des Lebens in der Luft
den Duft des Meeres auf der Haut
die Liebe an der Hand
in der Heimat
die wir uns sind

Sternschnuppen

Kühle senkt sich
über die erloschene Glut
des Tages

Gedanken klären sich

die Seele
geistert noch kurz
über die Felder

kehrt heim
Arm in Arm
mit der jungen Nacht
wagt kaum
zu atmen
geschweige denn
sie zu küssen

die Stunden fallen
wie Sternschnuppen
komm
wünsch dir was

Gewinnerwartung

Augenblicke
gestohlen
aus dem rauschhaften Fluss der Zeit
in eine Schatztruhe
ausgeschlagen mit Stille
gelegt
hoch gehandelte Momente
in hoch getakteter Moderne

von den Rastlosen
verkannte Schätze
vorsichtig
mit Samthandschuhen
erfasst
und erlebt

wertvolle Löcher
in beschleunigtem Leben
Würze inmitten
fader
durchhasteter Tage
reiner Gewinn

Die Hauptstadt meiner Sehnsucht

Mit Fernweh
aufgebrochen um heimzukommen
eine Bank in den Dünen
abseits
vom Zentrum der Insel
die Hauptstadt
meiner Sehnsucht

der Blick zieht los
besucht die alten Plätze
lässt sich von der Ebbe
mitnehmen
von der Sonne heimbringen

das Glitzerkleid des Wasserspiegels
kraus gezogen
wie deine Nase
eine speziell komponierte Stille
aus Wasser, Wind
und dem Geschrei
dreier, junger Möwen
sonst nichts

Zugabe

Ich sitze auf der Deichkrone
im Wind
meine Seele
tut es den Grashalmen gleich
und verneigt sich
vor dem Meer
Respekterweisung
für die Aufführung von Ewigkeit

ein Stück ohne Worte
eine Melodie
aus Wellen und Wind

als Zugabe
ein nicht dechiffrierbares Flüstern
von dort am Horizont
wo sonniger Dunst
Geheimnisse verschleiert

Sommer

Der Sommer
atmet den Freiraum
der Abwesenden

in der warmen Luft
flirren Chancen und Ahnungen
von Freiheit
die sich an den abkühlenden Abenden
auf den Seelen niederschlagen
die draußen
im letzten Licht
ausharren und hoffen
auf Versprechungen der Nacht

Herbst

Nieselregen
auf der Seele
willkommenes Bad
in Melancholie

sich
nach grellem Sommer
und Getöse
dem Herbst an den Hals
geworfen

nimm mich mit
in deine Stille
und Farben

nimm mich mit
zur großen Versöhnung
mit der vergehenden Zeit

komm wir malen
langsam sinkendes Licht
auf alle Horizonte
laufen
der hereinbrechenden Nacht
entgegen

in ihren Armen
ist Heimat

Stacheldraht

Drüben deine Arbeit
subtile und offene
Demütigungen

drüben der Lärm
an der Bushaltestelle
und in Linie 16

drüben all die Menschen
energisch hastend
beim Einkauf
zwischen zu hellem
Neonlicht und eiskalter
Luft
zwischen Kühlregalen

drüben
zwei Stapel
ungewaschene Kleidung

drüben
wird es Tag und Nacht
und Regen klatscht
an die Fensterscheibe
bis es kalt wird und still

zwischen all dem
drüben
und hier
in deinem Bett

siehst du
seit gestern

Stacheldraht

je länger du ihn anschaust
desto mehr Fragen
bleiben in ihm hängen

dir ist heiß
dir ist zu kalt

bin ich
ausgebrannt
oder erlösche ich?

der Stacheldraht
verschwindet
wenn du die Augen schließt
und ganz still
liegst

ist wieder da
sobald ein Fuß
den Boden berührt

und du fragst dich
wie lange
kann man ausharren

wenn man es schafft
dass der Atem

leiser

ist als draußen
das Geräusch
des fallenden Schnees

Pflicht

Sie reden dir
immer wieder
ins Gewissen
ins schlechte
das sie dir machen

mit Worten
das Gemüt ausgehöhlt

du wirst nie
gut genug
egal wie gut
sie es doch nur meinen
dich zu erinnern
an Pflicht
nichts als Pflicht

niemand
gibt dich frei
für ein Lachen

dort hinter der Grenze
in der Freiheit
lauert sicherlich Gefahr
in der Unsicherheit
aller Möglichkeiten
die zu vermeiden

sicher

todsicher

ist

den Atem raubend

und jetzt Schluss
damit
die Pflicht ruft
dir
ein Requiem
hinterher

Unser Lied

Küss mich
heute Morgen wach
leg mir die Leichtigkeit
des kommenden Tages
zart auf die Lippen
wie ein Lied

verlass mich
mit einem Augenaufschlag
der verspricht
dass du wiederkommst
und mehr

finde
den Abend und mich
bereit
zeig uns deine
gar nicht kalte Schulter
geh uns unter die Haut
und spiel nicht nur
mit dem Feuer

fordere mich auf
zu einem Tanz
der sich wie Sommerregen übers Land
der kühlen Nachtstunden legt

bleib bei mir
während leichter Wind
ums Haus
fröhlich
unser Lied pfeift

und küss mich
morgen wieder wach

Rückzug

Die Sonne kriecht noch mal
über das Dach
lächelt uns zum Abschied
noch einmal in die Augen
schon bald
wird die Kurve
die sie beschreibt
nicht mehr hoch genug sein

es kommen die Tage
des Vermissens
bunter, noch leichter
Melancholie
und dann harter Kälte

aber noch, aber noch
ist es ein federleichtes
sanftes
Rückzugsgefecht

In einem unbekannten Land

Der Wind
wirbelt Sand auf
an den Dünen des Vergessens
zerstäubt die Gedanken fein
trägt Korn für Korn ab
vom Bewusstsein
und doch
bleibt ein Leben

wir bringen unsere Fragen
auf eine Insel
von der es kein Entkommen gibt
bleiben
ohne Antworten
suchen Gesichter ab
ob sie uns fragen, antworten
erkennen

wir bleiben
ohne Landkarte
in einem unbekannten Land
um uns herum
nur der Wind
und Sand

In dieser Nacht

Die Augen fallen zu
langsam
verschwindet die Welt
laut, sorgenvoll und schmutzig
wie sie da liegt
klamm im Nieselregen
das Bewusstsein blendet
sie aus schwelgt in Bildern
von dir die es
dankbar umarmt
in meinen Träumen
ist nur Platz für dich
und die Zeit
die uns wie der Herbstwind
der ums Haus pfeift
umgibt
ihr Lied summt
von den Farben des Lebens
und davon wie schön
ihr seid
das Meer und du
in dieser Nacht

Freigabe

In alle Winde
verstreut
sind die Gefühle
die man freigibt
wie die Asche
toter Träume

nun sind sie
unfassbar, ungerichtet
leicht
fliegen sie umher
ohne das Blei
der Melancholie

schnell um die eigene
Achse drehen
der Horizont
wird kreisrund und damit
endlos
die Augen jagen
ihn entlang
im Schwindel, im Taumel
dann im befreiten Fall

der Kopf setzt
alles auf Anfang

Ein Loch in der Zeit

Die zähen Minuten
gleichen
einem Loch
in der Zeit

hier hält man
fast den Atem an
wartet
auf Diagnosen

während das Leben
auf des Messers Schneide
nach Gleichgewicht sucht

Hände ringen
mit unsichtbaren Feinden

Blicke gehen ins Leere
und bleiben dort

beim Aufruf des Namens
verweigert
der Verstand
den Ohren fast
die Annahme der Nachricht

im besten Fall
bleibt danach
nur ein Loch in der Zeit
zurück

Farben

Magst du mit mir
in den Farben tanzen
in denen
unsere Leben leuchten
wenn das Glück auf sie scheint

wo unsere Füße
aufsetzen
tupfen sie bunt ins Grau
und Weite reißt
horizontlose Enge
entzwei

So ein Tag

So ein Tag an dem der Regen
auf dem Fenster
Melodien sucht und Wohlklang knapp verfehlt

so ein Tag gewoben
nur aus verlorenen Fäden
mit Tränen in den Augen

so ein Tag auf Zehenspitzen
vorwärts tastend
ohne Verheißung

so ein Tag wie viele
namenlose
auf denen ein Leben reist
wie auf Schienen
die im Brachland enden

am Ufer
reist der Fluss in die Ferne
ohne dich
und die Milde
in deinem Blick

die Fluten reißen
meine schutzlose Seele mit
die deine Fingerspitzen
dort unberührt ließen

an so einem Tag

Existentielles

Ist das noch
eine Existenz
wenn sie dem Druck
von allen Seiten ausweicht
sich klein und kleiner macht
bis nichts bleibt
als ein Punkt
aus unteilbarer Qual

ist sie real
wenn sie nicht gepostet wurde
und niemand sie
im Virtuellen mag

ist Muße
ein Unwort
oder aussterbende Kunst
wie die der Sonne
die auf geschlossenen Lidern
Bilder malt
ohne Symmetrie

Denkmal

Still ruht der See
in den Hügeln des Vergessens

grüne Auen
noch gestern
heute schon
steiniges Ufer
grau, kalt und klamm

wer war es noch
der wann den Fluss vergiftete
wann kippte der See um
und wurde zur Kloake

es ist schon
zu lange her
um unsere
Gleichgültigkeit
zu erschüttern
die schief gemauert, schroff verwittert
als einziges noch steht
wie ein Denkmal
zwischen umgestürzten Bäumen
versandeter Hoffnung
trägem Nebel
der Verantwortung verschleiert

Perspektiven

Als ich ein Kind war
war hier ein kleiner See
nun ist nur Matsch, Geröll
von Brennnesseln durchsetzte Wiese
und ausgebleichter Plastikmüll
geblieben
hinter den Bäumen
die mal am Ufer standen
bevor man den Flusslauf begradigte
und unsere Nachmittagswelt
versandete

alles ändert sich
in jeglicher Hinsicht
auch die Perspektiven

am größten Baum
ritzten damals die Großen
um uns zu ärgern
wahllos Pärchen von Namen
in Herzen
zu hoch
für unsere kurzen Arme
um einzugreifen
mit roten Köpfen

jetzt starre ich
auf die verwitterten Narben
kann deinen Namen
kaum noch lesen

über meinem
im Herz das brach

in diesem Sommer
in dem du in diesem doch so kleinen
See ertrankst

in diesem Sommer
in dem ich nie Mut
genug hatte dich zu küssen

Aufforderung

Das Licht des Morgens
den deine Angst
gestern abend für unerreichbar hielt

ist sanft
ganz langsam
berührt es deine Augenlider
die zufallen nach durchwachter Nacht

das Licht trägt eine Wärme
die deiner Haut verspricht
dass es gut wird
und du jetzt
ruhig schlafen kannst

das Licht des Morgens
verheimlicht noch
die herab fallende
Kälte die der kommende
Abend bringen wird

doch diese Kälte
wird dich nicht mehr erreichen, dir nicht schaden
nicht die dunkle Nacht
nein, der helle, warme Tag
war es
der deinen letzten Tanz
mit dir tanzte
dem du dein letztes Lächeln schenktest
und gingst

Montags

Verunsicherung
Wut und Angst

empathie- und ziellos
selbstzentriert

sind das Stroh das brennt
in den Köpfen
die negieren
dass genau
diese Haltung
verantwortlich war
für den Rauch
über Birkenau

Tägliches Brot

Hunger ist
das tägliche Brot der Armen
die Gedanken kreisen
um nichts anderes

Geld ist
das tägliche Brot der Satten
die Gedanken kreisen
um nichts anderes

Industrielle
Produktion
billiger Nahrung
der Verstand auf dem Müll
schafft Raum
für noch mehr Profit

die Gedanken kreisen
um nichts anderes

jenseits

Ich sehne mich
nach Gedankenlosigkeit

die Zeit
mit unbelastetem Kopf
verstreichen lassen
wie sanftes Wasser
das über den Körper fließt

eine Berührung
von Tagen und Nächten
ohne scharfe Kanten
und Spitzen
die in die Seele dringen

ich sehne mich
nach Leichtigkeit
und unbelastetem Lachen

jenseits

leerer Tage
die um einen verstreichen
in Schattierungen
aus Grau
und Einsamkeit

Licht und Schatten

Im Schatten und im Licht
sind wir zusammen
auf dem Weg
der das Ziel ist
unseres Aufbruchs
aus stumm
erduldeter Einsamkeit

in der Parallelität
der Fußspuren
verliert die Dunkelheit
ihre Macht

sie beherrscht uns nicht
denn wir sind nicht alleine
im Schatten und im Licht

Die guten Tage

Du trägst die roten Schuhe
an den guten Tagen

die enden
mit dem Abendrot deiner Lippen

an denen sich mein Horizont
weitet
in deinen Augen

sag mir Bescheid
wenn du bereit bist
für unseren Aufbruch
in die Nacht

und lass die roten Schuhe
gleich für morgen stehen

Abendland

Ein Morgen, ein Land
ein Abend, ein Land
dazwischen Tage und Nächte
die Angstmacher nutzen

Massen
in Bewegung
Trommelwirbel
aus Dumpfheit und Hass

Morgen und Abend
ein Herz, eine Seele
wenn man sie nur ließe

in Frieden

in einem
bunten Land